PRIX DES LIVRES
DE LA BIBLIOTHEQUE
DE M. LE DUC DE LA VALLIERE.

PREMIERE PARTIE,
DISPOSÉE EN 3 VOL. IN-8°,

VENDUE A L'ENCHERE PAR DE BURE AÎNÉ,

depuis le 12 janvier 1784,
jusques et compris le 5 mai suivant.

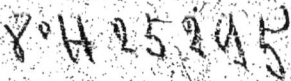

PRIX DES LIVRES
DE LA BIBLIOTHEQUE
DE M. LE DUC DE LA VALLIERE.
PREMIERE PARTIE.

THÉOLOGIE.

Nos		liv.	s.	Nos		liv.	s.	Nos		liv.	s.
1		28		35		51		68		15	19
2		710		6	imparf.	9	19	9		99	19
3		296		7		12		70		90	
4		315		7	double	15		1	imparf.	5	2
5 }		1251		8		30		2		12	2
6 }				9	imparf.	9		3		11	
7		192		40		18	19	4		12	
8		29	19	1		9	1	5		11	19
8	double	20		2		18	2	6		12	
9		272		3		7	10	7		15	19
10		22		4	piqué	72		8		8	16
1		30	10	5		121		9		5	8
2		60		6		299	19	80		18	19
3	imparf.	126	19	7		999	19	1		7	15
4		61		8		242	19	2		40	
5		40		9		9	19	3		100	
6		24		50		21		4		1002	
7		18		50	double	19		5		6	15
8		9	1	1		97	1	6		5	10
9		6		2		22		7		12	
20		18		3		99		8		50	
1		12		4		64		9		720	
2		19		5		27		90		19	
3		44		6		40		1		9	
4		216		7		12		2		26	19
5		67		8		6	1	3		13	
6		100		9		1	10	4		13	19
7		86		60		49	19	5		6	12
8		4085		1		44	19	5	double	6	4
9		120		2		9		6		9	
30		48		3		99	19	7	rogné	106	1
1		79		4		8		8		140	
2		12		5		7	4	8	double	76	
3		98		6		5	19	9		47	19
4		24		7		7	10	9	double	45	5

PRIX DES LIVRES DE LA BIBLIOTHEQUE

Nos		liv.	s.	Nos		liv.	s.	Nos		liv.	s.
100	imparf.	10	19	150		1	10	197		121	
1		41		1		6	1	8		46	
2		30		2		1	10	9		36	
3		138		3		4	10	9	double	21	
4		30		4		50		200		451	
5		82	3	5		15	19	1	imparf.	3	
6		10	5	6		6	16	2		4	
7		9	19	7		2	5	3		105	
8		6	9	8		8	19	4		120	
9		18		9		7	19	5		9	
110		13	5	160		4	2	6		3	
1		6		1		6	10	7	imparf.	8	
2		100		2		7	12	8		35	19
3		900		3		15		9		134	
4		201		4		6	10	210		15	
5		30		5		10		1		12	
6		500		6		19		2		39	
7		19	1	7		7	4	3		220	
8		9	1	8		5	10	4		2700	
9		45	19	8 *		16	19	5		42	1
120		3	19	9		5	1	6		99	19
1		780		170		6	1	7		20	
2		799	19	1		60		8		12	
3		50		2		99	19	9		5	19
4		1260		3		60		220		18	10
5		54		4		30		1		7	19
6		5	1	5		60		2	rogné	75	19
7		22		6		119	19	3		50	1
8		14		7		510		4		6	
9		2	3	8		9	2	5		29	10
130		5	1	9		4	19	6		39	19
1		72		180		9		6	double	50	
2		148		1		5		7		202	
3		25		2		120		7	double	150	
4		72		3		72		8		99	19
5		200		4		50		9		49	
6		300	2	5		33	10	230		10	
7		40	1	6		48		1		8	
8		54	1	7		299	19	2		51	
9		399	19	8		73	4	3		8	
140		72		9		7	19	4		38	5
1		48		190		104		5		315	
2		240	2	1		99	19	6		48	
3		329	19	2		49		7		400	1
4		9	19	3		24		8		740	
5		50		4		2	3	9		10	11
6		951		5		9		240		6	19
7		9	1	5 *		40	19	1		3	19
8		30	19	6		200		2		5	1
9		24	10	6 d. imp.		48		3		96	

DE M. LE DUC DE LA VALLIERE.

Nos	liv.	s.	Nos	liv.	s.	Nos	liv.	s.
244	150		294	36		344	20	19
5	80		5	119	10	5	9	
6	153		6	72	1	6	19	2
7	48		7	350		7	80	
8	40		8	425		8	24	19
9	17		9	16		9	6	
250	46	1	300	200		350	9	
1	600		1	52		1	1	10
2	31	19	2	54		2	5	
3	240		3	1499	19	3	9	5
4	12	11	4	133	19	4	15	19
5	10	4	5	410		5	6	19
6	6		6	80		6	8	
7	24	1	7	380		7	11	
8	12	1	8	260		8	2	
9	54	1	9	3	6	9	1	
260	7	11	310	21	10	360	2	2
1	49	19	1	3	19	1	1	10
2	57		2	9	19	2	2	
3	24		3	12		3	2	19
4	39		4	8		4	54	
5	12	10	5	16	19	5	31	1
6	92		6	15	19	6	21	
7	80		7	100		6*	104	
8	20		8	1601		7	12	1
9	25		9	15		8	13	1
270	40		320	48		9	72	10
1	1554		1	12	19	370	108	
2			2	19	19	1	192	
3	5000		3	27	19	2	192	
4	76	19	4	3012		3	13	4
5	12	10	5	8	19	4	109	1
6	50	19	6	5	19	5	59	19
7	200		7	8	5	6	35	
8	3	1	8	4	5	7	180	
9	800		9	6		8	401	
280	41		330	41	2	9	12	10
1	47		1	2	10	380	80	1
2	19	1	2	115		1	79	19
3	1850		3	11	19	2	266	
4	450		4	12	1	3	143	
5	1200		5	14		4	12	
6	82		6	5		5	140	
7	129	19	7	64		6	12	
8	40		8	12		7	23	19
9	70		9	75		8	7	10
290	199	19	340	300		9	15	1
1	72		1	5	2	390	52	
2	18		2	75		1	15	10
3	300		3	410		2	60	1

PRIX DES LIVRES DE LA BIBLIOTHEQUE

Nos	liv.	s.	Nos	liv.	s.	Nos	liv.	s.
393	11	19	440	48		489	15	
4	120		1	9		490	26	19
5	100		2	24		1	40	
6	4		3	30		2	161	
7	422		4	300		3	141	
8	185		5	15		4	42	
9	101		6	21		5	15	
400	120		7	180		6	15	
1	40		8	632		7	18	
2	360		9	500		8	81	
3	275		450	381		9	18	
4	47	19	1	25		500	28	
5	18		2	39	19	1	24	10
6	75		3	33		2	150	
7	67		4	49	19	3	99	19
8	33		5	70		4	4	
9	150		6	12		5	62	
410	250		7	100		6	17	
410 double	115		7 double	72		7	23	
1	240		8	300		8	18	
2	14	19	9	17	19	9	28	
3	1830	19	460	16		510	57	
4	500		1	200		1	17	
4 d. gât.	169		2	15		2	9	
5 imparf.	24		3	12	4	3	42	
6 imparf.	85		4	5	19	4	6	
6 double	51		5	9	19	5	74	
7	92		6	6	4	6	6	
8	50	19	7	6	4	7	40	
9	331		8	6		8	24	
420	47		9	12		9	14	
1	24		470	17	19	520	23	19
2	21	10	1	3	5	1	18	
3	16		2	5		2	6	
4	300		3	99	19	3 imparf.	4	16
5	48		4	15		4	80	
6	100		5	850		5	49	
7	20		6	105		6	36	
8	7	19	7	612		7	14	19
9	150		8	51		8	4	19
430	400		9	3		9	400	
1	72		480	5	19	530	510	
2	280		1	60		1	99	19
3	399	19	2	35		2	40	
4	400		3	3	1	3	18	
5	730		4	2	11	4	12	
6	15		5	4	18	5	132	
7	32		6	12	19	6	17	
8	75		7	7	4	7	100	
9 imparf.	24		8	12		8	34	

DE M. LE DUC DE LA VALLIÈRE. 7

Nos	liv.	s.	Nos	liv.	s.	Nos	liv.	s.
539	73		587 rogné	10		637	3	
540	37		8	3	4	8	6	10
1	5		9	6		9	5	
2	32		590	5	5	640	3	4
3	22		1	1610		1	3	
4	5		2	240		2	4	
5	4	19	3	3	13	3	6	
6	150		4	16	19	4	2	8
7	48		5	48		5	72	19
8	79	19	6	2		6	24	19
9	7	19	7	2	19	7	18	
550	20		8	2	10	8	9	
1	11	19	9	2	15	9	11	1
2	249	19	600	59	19	650	4	
3	72		1	9		1	24	
4	6	19	2	60		2	6	15
5	35		3	48		3	9	
6	17		4	12	1	4	8	
7	39		5	2	1	5	4	
8	36		6	15		6	19	19
9	18		7	9	10	7	26	
560	18		8	17	19	8	26	
1	29		9	7	1	9	12	
2	38	1	610	1	10	660	9	1
3	5		1	47	19	1	280	
4	22	19	2	80		2	4	
5	7	10	3	76		3	4	
6	7	19	4	60	6	4	50	
7	12	10	5	72		5	18	
8	42		6	48		6	15	
9	26		7	36	19	7	4	
570	184		8	149	19	8	18	1
1	18		9	79	19	9	13	
2	12	19	620	3	1	670	18	19
3	30	10	1	7	10	1	9	
4	2		2	6		2	24	
5	3	12	3	4	15	3	12	
6	4		4	3		4	4	
7	2		5	7	4	5	1	10
8	33		6	71		6	2	4
9 rogné	33		7	32		7	4	5
580	5		8	40		8	13	19
1	4	4	9	9		9	17	19
2	50		630	12	5	680 piqué	4	
3	24	10	1			1 imparf.	6	
4	16	19	2	15		2	2	5
5	6	4	3	40		3	12	
6	2	11	4	79	19	4	6	
6 double	4		5	51		5	2	10
6 triple	4		6	49	19	6	12	

PRIX DES LIVRES DE LA BIBLIOTHEQUE

Nos	liv.	s.	Nos	liv.	s.	Nos	liv.	s.
687	372		737	9	10	785	10	19
8	66	19	8	3	1	6	5	16
9	12	1	9	36		7	38	
690	24		740	6		8	162	
1	40		1	12		8 double	132	
2	15		2	18	19	9	3	19
3	42		2 double	9	19	790	6	19
4	59		3	5		1	18	15
5	71		4	10	4	2	12	
6	24		5	6		3	21	
7	9	1	6	12		4	28	19
8	9		7	6		5	1	16
9	6		8	90		6	6	12
700	10	10	9	42		7	4	
1	6		750	9		8	9	
2	9		1	2	13	9	11	19
3	17		2	48		800	12	
4	49		3	5		1	5	
5	9		4	2	10	2	1	10
6	2		5	1	10	3	9	19
7	12		6	9		4	14	19
8	6		7	1	11	5	18	
9	4		8	1	16	6	11	
710	4	17	9	1	10	7	9	
1	9	10	760	2		8	16	4
2	4	10	1	6		9	10	10
3	7	5	2	2		810	25	1
4	11		3	610		1	12	
5	8	10	4	3	2	2	23	19
6	9		5	2	10	3	40	
7	4		6	3	19	4	95	19
8	2	16	7	2	2	5	801	1
9	386		8	1		6	99	19
720	62	10	9	1	11	7	18	
1 gâté	2	16	9 *	72		8	7	6
2	12		770	5		9	3	
3	4	6	1	4		820	3	
4	6	19	2	76	4	1	8	
5	2	16	3	36		2		
6	49		4	61		3	10	4
7	1	4	5	121		4	4	1
8	21		6	3		5	71	
9	12	19	7	50		6	12	
730	11	19	8	1	10	7	30	19
1	29	19	9	3	15	8	7	15
2	23	19	780	12	10	9	23	19
3	1	9	1	3	10	830	7	10
4	6	19	2	3	1	1	7	5
5	8		3	5	12	2	8	19
6	10	19	4	10	19	3	129	

DE M. LE DUC DE LA VALLIERE.

Nos	liv.	s.	Nos	liv.	s.	Nos	liv.	s.
834	2	10	882	16	12	928	76	5
5	76		3	1	10	9	12	
6	3		4	10		930	12	1
7	5		5	29	19	1	9	1
8	2	10	6	23	19	2	5	
9	4	5	7	4	5	3	10	
840	25		8	6	19	4	33	
1	23	19	9 piqué	4	2	5	19	19
2	2	6	890	8		6	120	
3	9		1	4	19	7	18	
4	7	7	2	4	15	8	10	10
5	7	12	3	10	4	9	22	
6	7	19	3 double	10	4	940	29	19
7	5	1	4	3	1	1	5	19
8	2		5	6	3	2 }		
9	4	19	6	6	3	3 }	20	19
850	9		7	7	15	4 }		
1	5		8	5		5	4	10
2	9	19	9 rogné	2	19	6	6	
3 piqué	36		900	6		7	3	
4	26	10	1	6		8 }	30	
5	80		2 rogné	2	9	9 }		
6	8		3	19	19	950 }	52	
7	6		3 double	17	19	1 }		
8	16	19	4	4	19	2	5	4
9	20	19	5	32		3	4	
860	9	5	6	4	4	4	310	
1	9	1	7	7	6	5	18	
2	9	1	8	20		6	12	
3	23	19	9	14	19	7 }		
4	9		910	45		8 }	75	19
5	27	10	1	700	1	9 }		
6	8	19	2	240		960 piqué	6	15
7	7	4	3	4120		1	6	12
8	4	4	4	1700		2	7	18
9	18		5	19		3	18	19
870	1	10	6	39		4	9	
1	9		7	6		5	11	19
2	4	4	7 double	4		6 gâté	6	
3	2	10	8	6	7	7	12	19
3 double	2	11	9	7	11	8	8	19
4	1	16	920	40	19	9	143	19
5	5		1	32	19	970	19	19
6	2	14	2	30	19	1	26	19
7	2	8	3	20	19	2	9	
8 }			3 double	24		3	5	19
9 }	22	1	4	23	19	4 }	475	
880 }			5	24	5	5 }		
1	9	15	6	4	4	6	23	19
1 double	9		7	29	5	7	27	19

B

PRIX DES LIVRES DE LA BIBLIOTHÈQUE

Nos	liv.	s.	Nos	liv.	s.	Nos	liv.	s.
978	18	1	1000	50		1024	96	
9	15		1	460		5	101	
980	9	1	2	19	19	6	12	1
1	9	5	3	10	19	7	39	19
2	14	1	4	20		8	14	19
3	5		5	48		9	16	5
3 double	4		6 rogné	1	16	1030	4	6
4	14	19	7	12	19	1	6	
5	18		7 double	11	5	2	4	4
6	18		8	6	11	3	4	16
7	9		9 imparf.	3	16	4	3	12
8	15	4	1010	14	19	4 double	4	10
9	20	19	1 piqué	7	4	5	7	4
990	18	19	2	4	15	5 double	4	12
1	25		3	5		6	5	8
1 double	30	4	4	5	10	7	48	
2	60		5	54		8	12	4
3	5	10	6	26		9	8	
4	42		7	18		1040	18	
5	10		8	71		1	78	1
6	65	19	9	2	10	2	300	1
7	36		1020	2	9	3	11	19
7 double	18	1	1020 double	2		4	11	19
8 gâté	8	1	1	4		5 mouillé	3	1
8 double	24		2 piqué	3		6	10	18
9	24	10	3	20				

JURISPRUDENCE.

Nos	liv.	s.	Nos	liv.	s.	Nos	liv.	s.
1047	36		1065	3	1	1082	6	12
8	320		6	6	2	3	9	11
9	1150	19	7	9	2	4	4	5
1050	96		7 double	10	4	5	17	10
1	38		8	60		6	3	
2	802		9	6	1	7	17	19
3	260	19	1070	120		8	2	10
4	851	19	1	18	19	9	5	18
5	572		2	16	19	1090	8	
6 gâté	36	19	3	5	2	1	11	19
7	80		4	43		2	4	
8	18	1	5	13		3	6	
9 gâté	8	10	6	9		4	6	19
1060	80		7	6		5	16	
1	41		8	37		6	9	12
2	8	19	9	12		7	17	19
3	200		1080	6	12	8	5	1
4	4	4	1	7	19	9	4	10

DE M. LE DUC DE LA VALLIERE.

Nos	liv.	s.	Nos	liv.	s.	Nos	liv.	s.
1100	18		1135	36		1170⎫	126	
1	3		6	2		1⎭		
2	6		7	6		2	7	10
3	15		8	2		3	4	19
4	3		9	4		4	9	
5⎫			1140	149	19	5	50	
6⎬			1	5	10	6	60	
7⎬	72	1	1 double	3		7	9	
8⎬			2	38	19	8	49	
9⎭			3	100	1	9	35	
1110	15		4	6		1180	86	19
1	83	19	5	34		1	221	
2	6		6	31	10	2	121	
3	4	1	6 *	36		3	23	
4	9		7	40	19	4	80	
5	12	1	8⎫			5	33	19
6	19	1	9⎬	851		6	27	
6 double	11	19	1150⎭			7	402	
7	36		1⎭			8	26	
8	71	19	2	81		9	86	
9	7	1	3	54		1190	1	5
1120	7	9	4	103	10	1	135	
1	100		5	229	19	2	49	19
2	72		6	650		3	120	
3	55		7	102		4	48	1
4	5	4	8	96		5	50	
4 double	4		9	53		6	35	
5	49		1160	240		7	10	12
6	8	19	1	52		8	12	10
7	6	15	2	36	10	9	21	
8	6		3	8	19	1200	6	19
9	6		4	28		1	3	15
1130	40		5	260		2	6	
1	151		6	24		3	36	19
2	6		7	151		4	34	
3	12	1	8	50	5	5	42	
4	3		9	51				

SCIENCES ET ARTS.

Nos	liv.	s.	Nos	liv.	s.	Nos	liv.	s.
1206	24		1212 double	99		1219	89	
7	54		3	280		1220	43	
8	79	19	4	9	19	1	43	1
9	6	1	5	6	5	2	11	
1210	23	19	6	61		3	6	1
1	57	19	7	21	19	4 piqué	10	
2	89		8	180		5	36	1

12 PRIX DES LIVRES DE LA BIBLIOTHEQUE

Nos	liv.	s.	Nos	liv.	s.	Nos	liv.	s.
1226	21		1273	6		1323	8	
7	203		4	246		4	12	
8	36		5	9	2	5	15	1
9	3	6	6	9		6	12	
1230	12		7	3	2	7	4	
1	80		8	98	1	7 *	40	
2	30		9	47		8	19	
3 imparf.	12		1280	59	19	9	299	19
4	3	19	1	29	19	1330 ...	260	1
6	35	19	2	5		1	7	19
6 double	33	1	3	33		2	10	19
7	70	19	4	3	5	3	20	
8	19	19	5	30		4	14	19
9	18	19	6	40		5	3	15
1240	10	4	7	7	10	6	5	12
1	18		8	6	2	7	15	
2	32	19	9	12	1	8	60	
3	10		1290	33		9	300	
4	800		1	5	10	1340	6	1
4 d. gât.	299	19	2	6		1	6	
5	30		3	13	4	2	30	
6	37	19	4	24		3	19	4
7	83		5	15	19	4	3	19
8	62		6	35	19	5	2	
8 double	41		7	14	19	6	10	19
9	8	19	8	90	19	7	27	19
1250	99	19	9	32		8	18	
1	8	10	1300	61	1	9	7	
2	4	10	1	13	19	1350	9	
3	9	12	2	6	1	1	18	19
4 } 5 }	120		3	72		2	25	
			4	3	1	3	121	
5 double	28		5	71		4	24	
6	38	19	6	68		5	24	
7	9	1	7	6	1	6	18	
8	16	5	8	8		7	25	
9	40	19	9	11	19	8	62	
1260	42		1310 ...	400		9	15	19
1	18		1	72		1360	10	19
2	22		2	80		1	6	
3	18		3	80		2	72	
4	99	19	4	46		3	11	19
5	3		5	50		4 imparf.	4	15
6	20		6	31		5	12	
7	8	19	7	24	1	6	7	10
8	30		8	55		7	2	
9 imparf.	30		9	20		8	13	4
1270 ...	158		1320	7	5	9	17	19
1	15		1	44		1370	9	5
2	12	1	2	2		1	5	

DE M. LE DUC DE LA VALLIERE.

Nos	liv.	s.	Nos	liv.	s.	Nos	liv.	s.
1372	4	7	1420	21		1469	11	
3	82		1	12	4	1470	100	
4	18		2	5		1	30	
5	42		3	5		2	6	
5 double	30		4	9	5	3	72	
6	12	19	5 imparf.	2		4	9	12
7	9		6	9		5 } 6 }	77	
8	8		7	26				
9	10	1	8	6	1	7	13	4
1380	216		9	23		8	4	2
1	17	19	1430	23	19	9	12	
2	79	19	1	60		1480	350	
3	4	4	2	9	19	1 rogné	10	10
4	4	10	3	16		2	20	
5	16	10	4 } 5 }	20	10	3	19	19
6	7	19				4	39	19
7	6	1	6	9		5	45	
8	5		7	11	19	6	48	
9	11	19	8	20		7	48	
1390	17	19	9	15		8	15	
1	17	19	1440	13	10	9	15	
2	14	15	1	40		1490	18	12
3	6		2	13	4	1	27	
4	16	10	3	12		2	29	
5	13	12	4	6	1	3	11	12
6	17	10	5	1699	19	4	6	10
7	13	5	6	244		5	12	19
8	73	4	7	196		6	24	10
9	27		7 double	120		7	300	
1400	24	19	9	60		8	18	
1	45		1450	36		9	30	
2	130		1	30		1500	6	
3	82		2	27		1	8	19
4	50		3	12	1	2	14	19
5	18	10	4 tâché	59	19	3	21	
6	12		5	96		4	12	
7	3	2	5 double	90		5	8	19
8	22		6	168		6	10	19
9	10		7	1190		7	55	
1410	43	4	8 imparf.	59		8	64	5
1	24	10	9	72		9	360	
1 double	18	10	1460	360		1510	29	19
2	30	2	1	780		1	25	10
3	13	15	2	15	1	2	150	
4 } 5 }	52		3	3		3	6	10
			4	721		4	36	
6	84		5	6	2	5	1	5
7	3	10	6	352		6	8	19
8	6	2	7	59	19	7	6	
9	8	12	8	48		8	2	10

PRIX DES LIVRES DE LA BIBLIOTHEQUE

Nos	liv.	s.	Nos	liv.	s.	Nos	liv.	s.
1519	2	2	1569	321		1618 . . .	2400	
1520 . . .	600	19	1570	73	19	9	24	
1	48		1	72		1620	49	19
2	13	10	2	47	19	1	53	
3	61	10	3	18	19	2	119	19
4	240		4	99	19	3	201	
5	120		5 }	36		4	24	
6	150	1	6 }			5 imparf.	10	
7	270		7	500		6	19	19
8 imparf.	24		8	721		7	78	
9	69		9	164		8	10	4
1530	15	13	1580	31	1	9	19	
1	92		1 }	121		1630 . . .	175	
2	218		2 }			1	260	
3	12		3	73		2	96	
4	9	1	4	36		3	48	
5	286		5	65		4	96	
6	12	2	6	310		5	74	
7	5	8	7	135		6	505	
8	7		8	900		7	270	
9	59	19	9	451		8	221	
1540	24		1590	87	10	9	63	
1	18		1	31		1640	30	
2	7	19	2	79	1	1	18	
3	400		3	90		2	24	
4	1100		4	499	19	3	27	
5	660		5	100		4	28	
6	65	19	6	96		5	240	
7	132		7	14	19	6	120	
8	172		8	200		7	60	
9	772		9	24		8	120	
1550 . . .	379	19	1600 . . .	200		9	55	
1	215		1	250		1650	11	
2	151		2 }	499		1	40	19
3	44	19	3 }			2	160	
4	200		4	52		3	129	5
5	45		5	148		4	276	
6	7400		6	39	19	5	370	
7	141		7	2	10	6	450	
8 }	131		8 }	73		7	30	
9 }			9 }			8	20	
1560 . . .	132		1610	10	10	9	21	19
1	50		1	7		1660	24	2
2	25	2	2	101		1	24	
3	7	19	3	27		2	6	12
4	36		4	53		3	25	4
5	21		4 double	48		4	48	
6	84		5	205		4 double	48	
7	24		6	72		5	239	19
8	50	1	7	431		6	181	

DE M. LE DUC DE LA VALLIÈRE.

Nos	liv.	s.	Nos	liv.	s.	Nos	liv.	s.
1667	440		1716	2	19	1766	10	1
8	14	19	7	6		6 double	10	4
9	22	1	8	6	10	7	220	10
1670	30		9	226		8	10	15
1	24		1720	73		9	15	
2	8	19	1	40		1770 imparf.	10	19
3	2	9	2	169		1	4	1
4	5	1	3	29	19	2	5	
5	9	10	4	18	1	3	4	
6	36	1	5	7	5	4	3	12
7	3000	10	6	2	12	5	10	4
8	80		7	9	19	6	50	
9	270		8	6	19	7	7	11
1680	322		9	4		8	4	6
1			1730	4	19	9	1	16
2			1	1	10	1780	7	15
3	44		2	8		1	6	1
4	20		3	32	19	2	9	
5	60		4 imparf.	50		3	9	1
6	1550		5	14	19	4	80	
7	64		6	15		5	12	
8	29	19	7	15	19	6	3	19
9	84	19	8	13	8	7	6	
1690	37		9	215	19	8	6	
1	31		1740	92		9	30	
2	15	19	1	115		1790	73	
3	25		2	17	19	1 imparf.	9	1
4	17	19	3	19	4	2	18	
5	149		4	150		3	31	19
6	18	1	5	4		4	18	
7	95	19	6	20		5	9	
8	60		7	131	19	6	3	
9	233		8	20		7	5	4
1700	37		9	9	1	8	18	
1	27		1750	18		9	24	5
2	10	4	1	9		1800	6	1
3	120		2	23		1	19	19
4	13	19	3	21		2	100	
5	14	19	4	17		3	29	5
6	5	10	5	15		4	12	
7	3	1	6	13	15	5	25	
8	72		7	9		6	12	
9	10		8	6		7 imparf.	3	
1710	3		9	6		8	6	
1	135		1760	19		9	47	19
1 double	120		1	6	1	1810	6	
2	8	19	2	6	10	1	17	17
3	49		3	6		2	9	
4	6	10	4	9		3	9	
5	40		5	23				

PRIX DES LIVRES DE LA BIBLIOTHEQUE

Nos	liv.	s.	Nos	liv.	s.	Nos	liv.	s.
1814 }	72		1864	7	10	1913	520	
5 }			5	18	19	4	103	
6	76		6	7	14	5	120	
7	13		7	12		6	161	
8	2	10	8	23		7	38	19
9	2		9	10	5	8	36	
1820	11		1870	6	19	9	23	19
1	30		1	22		1920	17	
2	12		2	24		1	19	
3	9		3	40		2	24	
4	12		4	20	19	3	35	19
5	3		5	30		4	7	16
6	15	1	6 imparf.	750		5	15	
7	3		7	9	4	6	16	19
8	4		8	10	4	7	280	
9	6		9	50		8	47	19
1830	3		1880	12		9	42	
1	3		1	6		1930	121	
2	1	10	2	12		1	200	1
3	2	10	2 double	13	5	2	167	19
4	3	12	3	47	19	3	64	4
5	1	10	4	20	19	4	52	
6	141		5	18	19	5	170	
7	7	10	6	56	1	6	72	
8	2		7	143	19	7	73	
9	2	19	8	7	1	8	113	19
1840	21		9	167	19	9	580	
1	11	5	1890	59	19	1940	169	
2	17	10	1	59	19	1	78	
3	9		2	31		2	160	
4	29		3	280		3	75	19
5	54		4	55		4	187	19
6 imparf.	5	2	5	83		5	7	12
7	3	7	6	180		6	9	1
8	5		7	50		7	51	
9	224		8	66	19	8	29	19
1850	5		9	13		9	84	
1 }	1000		1900	152		1950	12	1
2 }			1	24		1	33	1
3	3		2	41	19	2	21	
4	7	19	3	48		3	62	
5	15		4	20		4	6	1
6	110		5	260		5	12	1
7	8		6	100		6	4	19
8	10		7	37		7	9	
9	7	4	8	79	19	8	35	19
1860	9		9	29	19	9	6	
1	7		1910	24	19	1960	12	2
2	8		1	79	1	1	8	
3	12		2	61	19	2	8	19

DE M. LE DUC DE LA VALLIERE.

Nos	liv.	s.	Nos	liv.	s.	Nos	liv.	s.
1963	7	5	2013	24		2059 }		
4	36		4	18		2060 }		
5	15	17	5	20		1 }		
6	15		6	69		2 } ... 800		
7	31		7	82		3 }		
8	6	19	8	48		4 } avec le n°.		
9	3		9	40		5 } 2088		
1970	27	2	9 double	45		6 }		
1 }	49	9	2020	151		7	18	
2 }			1	15		8	9	
3	4		2	120		9	26	19
4	7	15	3	40	1	2070	5	1
5	6	4	4	8	1	1	121	10
6	28	19	5	27	1	2	18	
7	51		6	82		3	18	
8	48		7	18		4	4	10
9	15		8	72	10	5	12	
1980	6		8 double	21	1	6	50	
1	60		9	70		7	24	
2	100	19	9 double	20		8	4	11
3	17	7	2030	15	1	9	84	
4	8		1	31		2080	8	19
5	9	19	2	3		1	15	
6	3	10	3	24		2	4	6
7	14	19	4	250		3	3	2
8	60		5	1000		4	9	
9	8	1	6	17		5	55	
1990	10	6	7	16	19	6	50	
1	6	1	8	130		7	4	10
2	40		9	39		8 v. 2059		
3	27		9 double	33	1	9	216	
4	61		2040	16	4	2090	24	
5	12		1	130		1	599	19
6	7		2	8		2	80	
7	9	1	3	27		3	6	
8	14		4	133	19	4	16	12
9	18		5	30		5	130	
2000	252		6	7	15	6	100	
1	13	4	7	20		7 piqué	240	1
2	26		8	6	2	8	110	
3	10	4	9	50	1	9 piqué	133	19
4	25		2050	26		2100	42	
5	5		1	36		1	9	19
6	18		2	72		2	300	
7	37	5	3	24		3	12	19
8	15	19	4	65	19	4	62	
9	32		5	9	12	5	12	
2010	2		6	50		6	4	10
1	8		7	78		7	12	19
2	17		8	10	10			

PRIX DES LIVRES DE LA BIBLIOTHEQUE

Nos	liv.	s.	Nos	liv.	s.	Nos	liv.	s.
2108 ⟩	84		2123	25	19	2137	24	
9 ⟩			4	3		8 imparf.	5	10
2110	24	12	5	1000		9	3	1
1	19	10	6	9	10	2140	8	10
2	37	17	6 double	9	10	1	16	
3	16	16	7	10		2	12	12
4	12	1	8	6		3	10	19
5	21		9	25		4	3	10
6	9	19	2130	39	19	5	4	15
7	50		1	5		6	17	19
8	250		2	3	15	7	15	
9	100		3	5		8	18	19
2120	28	1	4	3		9	6	
1	60		5	2				
2	106		6	6	15			

BELLES-LETTRES.

Nos	liv.	s.	Nos	liv.	s.	Nos	liv.	s.
2150	48		2176	254		2204	11	19
1	9	1	7	86		5	320	
2 ⟩	50		8	27		6	8	19
3 ⟩			9	229	19	7	59	19
4	6	12	2180	41		8	18	
5	90		1	16		9 ⟩	229	19
6	122		2	25		2210 ⟩		
7	91	19	3	221		1	17	4
7 double	52	10	4	181	19	2	7	5
8	6		4 double	174		3	4	10
9	109		5	35	19	4	5	5
2160	185		6	47	19	5	10	
1	27		7	34	1	6	25	19
2	5		8	74	1	7	5	
3	19	19	9	9		8 ⟩		
4	27	19	2190	9		9 ⟩	15	19
5	54	19	1	201	19	2220		
6	45	19	2 rogné	73	19	1	127	
7	87	19	3	199	19	2	9	19
8	76		4	3	12	3	131	10
8 double	53	19	5	9		4	187	
9	100		6	30		4 d. p. p.	78	
2170	159	19	7 gâté	85		5	8	4
1 ⟩	250		8	975	19	6	91	
2 ⟩			9	2001		7	401	
2171 double	68		2200	11	4	8	38	
3	75	19	1	9		9	80	19
4 gâté	72		2	77		2230	39	19
5	19		3	7		1	27	19

DE M. LE DUC DE LA VALLIERE.

Nos	liv.	s.	Nos	liv.	s.	Nos	liv.	s.
2232	3	14	2282	19	2	2331	17	19
3			3	40		2	48	19
4	261		4	12	4	2 double	71	19
5			5	9		3	750	
6	168	10	6	13	16	3 d. gâté	360	
7 rogné	122		7	13		4	499	19
8	77		8	6	11	5	85	
8 double	40		9	6	1	6	35	19
9	24	1	2290	7	19	7	6	
2240	52		1	8		8	53	19
1	6	1	2	18		9	35	19
2	3	19	3	6	12	2340	21	
3	500		4	24	2	1	3	12
5	80		5	25		2	4	4
6	139	19	6	6	1	3	9	
7	243	19	7	12	1	4	6	
8	48	15	8	700		5	33	19
9	6	19	9	199	19	6	19	12
2250	1179	19	9 doub.	130		7	4	1
1	39	19	2300	42		8	13	
2	45	1	1 gâté	11		9	12	19
3	603		2	40	19	2350	1	10
4	18		3	18		1	12	
5	9	1	4	22		2	133	19
6	39		5	455		2 doub.	134	
7	60		6	40	1	4	135	
8	600		7	121		5	108	
9	250		8	39		6	451	
2260	11		9	40	2	7	591	
1	36		2310	10	19	8	340	
2	24		1	931		9	144	
3	229	19	2	310		2360	89	
4	174		3	601		1	27	
5	6	6	4	300		2	36	
6	18		5	95	19	3	216	
7	39		6	30	1	3 doub.	151	
8	12	7	7	167	19	4	13	19
9	599	19	8	9	10	5	63	
2270	24		9	9	1	6	7	
1	86		2320	4	5	7	24	
2	27		1	9	5	8	27	19
3	19		2	540		9	120	
4	40		3	10	5	9 double	72	19
5	1450		4	10		2370	24	1
6	774		5	40		1	4	5
7	701		6	19		2	3	12
8 gâté	91	19	7	1100		3	17	1
9	201		8	151		4	56	
2280	450		9	14		4 double	24	
1	100		2330	78	19	5	36	3

20 PRIX DES LIVRES DE LA BIBLIOTHEQUE

Nos	liv.	s.	Nos	liv.	s.	Nos	liv.	s.
2376	24		2423	15	10	2471	47	19
7	12		4	15	19	1 double	27	1
8	30		5	50		2	24	
9	25	4	6	138		3	107	1
2380	26		7	35	19	4	14	19
1	93	19	8	9	19	5	41	19
1 doub.	107		9	9		6	16	1
2	40		2430	12	10	7	38	12
3	36	3	1	15		8	3	3
4	13	19	2	4101		9	9	
5	36	1	3	759	19	2480	31	19
6	7	12	4	166		1	379	19
7	10	4	5	230		2	199	19
8	8		6	192		2 doub.	120	1
9	132		7	40		3	50	
2390	41	19	8	24	19	4	25	19
2390 *	155		9	51		5 gâté	20	1
2390 **	254	1	2440	11	19	6	96	
1	18	19	1	6		6 d. gâté	71	19
2	12		2	6		7	14	1
3	150	1	3	8	1	8	5	10
4	89	2	4	23	19	9	54	19
5	23		5	12		2490	3	1
6	27	2	5 double	27		1	17	
7	8	19	6	20	1	2	3	1
8	60		7	152	1	3	564	2
9	30	1	8	13	10	4	92	
2400	80		9	74		5	15	5
1	8		2450	38		6	17	19
2	9	16	1	39	1	7	2	1
3	7	12	2	215		8	4	1
4	9		2 doub.	124		9	3	19
5	76		3	17	19	2500	13	10
6	167		4	80		1	11	1
7	48		5	420		2	200	
8	130		6	109		3	11	19
9	73		7	6	19	4	30	
2410	35	19	8	3	10	5	6	
1	28		9	44		6	48	
2	12	10	2460	5		7	25	
3	12	15	1	58		8	760	
4	100		2	24		9	147	1
5	38	1	3	144	19	2510	40	1
6	24	19	4	199	19	1	30	
7 pap.Hol.	50		5	120		1 double	48	
8	9		6	140		2	38	
9	10	19	7	60	1	3	22	19
2420	10	19	8	20		4	1160	
1	6	10	9	23	19	5	51	
2	670		2470	24		6 gâté	40	

DE M. LE DUC DE LA VALLIERE.

Nos	liv.	s.	Nos	liv.	s.	Nos	liv.	s.
2517	. . . 5	17	2561 double	15		2608	10	
8	98		2	150		9	6	
9	710		3	45		2610	6	
2520	25		4	463		1	30	19
1	49	10	5	209		2	3	
2	19	19	6	9	1	3	32	19
3	176		7	34		4	26	
4	119		8	18		5	12	1
5	37		9	100		6	40	
6	240		2570	64		7	30	19
7	25		2570 double	60		8	7	14
8	29	19	1	3	1	9	56	19
9	150		2	15		2620	9	
2530	90		3	250		1	79	19
1	99	19	4	216		2	3	
1 d. gâté	20	19	5	39		3	9	
2	9	19	6	51		4	119	19
3	99		7 imparf.	6	1	5	6	
4	30		8 imparf.	15		6 imparf.	24	
5	30		9	15		7	5	
6	5	10	9 double	14		8	3	
7	79	19	2580	13		9	7	12
8	1274		1	44		2630	7	
9	150		2	40		1	15	
2540 . . .	131		3	31		2	8	1
2540 d. gâté	72		4	21		3	3	1
1	16	4	5	12		4	21	19
2	15		6	351		5	2	
3	31		7	151	10	6	300	
3 double	19	10	8	3		7	35	19
4	480		9	330		8	4	
5	200	1	2590	16		9	5	1
6	12	1	1	152		2640	6	
7	13	4	2	40		1	1	10
8	17	19	3	60		2	17	19
9	580		4	18		3	36	
2550 . . .	700		5	72		4	18	
1	23	19	5 double	42		5	12	
2	240		6	30	5	6	7	19
3	130		7	29		7	4	19
4	25	4	8	6	6	8	6	11
5	12	1	9	79	19	9	17	19
5 double	15		2600	21		2650	11	
6	18		1	8	19	1	14	19
7	30		2	24		2	3	10
7 double	45	10	3	6	2	3	8	
8	37		4	6		4	30	
9	29	19	5	7	19	5	4	4
2560	16		6	6		6	10	12
1	14		7	6	6	7	19	10

PRIX DES LIVRES DE LA BIBLIOTHEQUE

Nos	liv.	s.	Nos	liv.	s.	Nos	liv.	s.
2658	10	19	2707	31		2757	7	4
9	15	10	8	180		8	4	1
2660	150	19	9	40		9	72	
1	13	4	2710	272		2760	201	
2	19	15	1	22		1	30	
3	15		2	48		2	4	
4	20	1	3	78		3	25	
5	8	19	4	43		4	9	1
6	18	1	5	100		5	150	
7	26	19	6	99	19	6	20	
8	8	10	7	131	10	7	19	
9	6	10	8	96		8	20	
2670	5	19	9	120		9	60	2
1	50		2720	60		2770	12	10
2	12		1	47	19	1	300	
3	24	1	2	27		2	29	10
3 double	49		3	6		3	3	
4	24	19	4	33		4	38	
5	6		5	24		5	36	
6	90		6	14		6	24	
7	6		7	26		7	11	19
8 piqué	6		8	103		8	161	
9 imparf.	3	1	9	121		9	7	19
2680	2		2730	68		2780	12	2
1	6		1	150		1	13	5
2	3	19	2	120		2	220	
3	6	1	3	160		3	70	
4	59	19	4	120		4	8	10
5	48	1	5	200		5	30	
6	10		6	300		6	40	
7	6	6	7	60		7	9	15
8	48		8	140		8	80	
9	6	1	9	220		9	36	
2690 gâté	17	19	2740	37		2790	122	1
1	9	10	1	251		1	30	
2	95	19	2	320		2	15	19
3	6	1	3	7	4	3	21	19
4	2	6	4	9		4	25	
5	5		5	10	19	5	25	19
6	3	7	6	450		6	8	19
7	44	19	7	65		7	11	19
8	39	19	8	7	4	8	6	1
9	10	15	9	9		9	18	
2700	33		2750	15		2800	5	6
1	1500		1	14	19	1	2	12
2	240		2	7	19	2	45	
3	82		3	490		3	222	
4	63		4	9		4	46	
5	18		5	18		5	60	
6	95		6	6	19	6	4	1

DE M. LE DUC DE LA VALLIERE.

Nos	liv.	s.	Nos	liv.	s.	Nos	liv.	s.
2807	21		2857	19	19	2909	8	19
8	4	19	8	150		2910	1	14
9	12	10	9	8	19	1	2	9
2810	3	15	2860	12	19	2	10	
1	1620		1	18	19	3	1	10
2	12	2	2	292		4	2	
3 rogné	3	19	3	160		5	3	10
4 rogné	5	1	4	30	10	6	2	
5	4	1	5	15		7	5	
6	1	10	6	91		8	3	
7	63		7	8	2	9	52	
8	6	10	8	40		2920	18	
9	2	19	9	6		1	6	
2820	4	19	2870	7	13	2	156	
1	8	19	1	19		3	199	19
2	10	4	2	10	19	4	72	
3	80		3	80		5	24	
4	33		4	240		6	6	
5	23	19	5	10	19	7	9	19
6	21		6	6	1	8	12	
7	16	10	7	6		9	11	1
8	20		8	8		2930	14	10
9	18		9	9		1	3	19
2830	3	19	2880	4		2 il manque.		
1	8	15	1	6		3	42	
2	56		2	1	10	4	20	
3	99	19	3	12	1	5	3	1
4	18		5	5	19	6	8	1
5	400		6	5	9	7	4	10
6	3		7	17	12	8	500	1
7	36		8	8	2	9	100	
8	5		9	46	10	2940	12	2
9	8		2891	1	16	1	33	
2840	17		2	5	1	2	2	
1	23	19	3	36		3	4	2
2	50		4	7	19	4	9	1
3	39		5	8	10	5	3	
4	7	10	6	43	1	6	9	
5	5	12	7	1	10	7 imparf.	9	12
6	6	19	8	3	1	8	7	19
7	9		9	11	19	9	16	10
8	3	6	2900	2	19	2950	15	
9	5		1 gâté	7	19	1	15	2
2850 imparf.	2		2	31		2	10	4
1	68		3	11		3	24	
2	9	19	4	15	12	4	10	1
3	8	1	5	6		5	7	19
4	50		6	2		6	6	
5	24		7	3	1	7	5	
6	3		8	15	19	8	4	11

PRIX DES LIVRES DE LA BIBLIOTHEQUE

Nos		liv.	s.	Nos		liv.	s.	Nos		liv.	s.
2959	....	7	10	3007	....	18	1	3057	....	16	
2960	imparf.	3	2	8		6	19	8		9	19
1		15		9		41	19	9		4	4
2		4	4	3010	....	1		3060	....	3	
3		23	19	1		20		1		3	
4		10	2	2		24		2		12	
5		50	19	3		8		3		11	19
6		9		4		6		4		54	
7		7	12	5		4	19	5		15	1
8		9	9	6		7		6		99	19
9		17	19	7		7		7		37	
2970	....	5		8		10	19	8		112	
1		2	1	9		5	1	9		30	
2		8	19	3020	....	3	1	3070	....	30	
2	*	1	10	1		7	4	1		60	
3		8	1	2		18		2		7	4
4	imparf.	1	7	3		3		3		7	
5		27		4		8	19	4		25	
6		1	1	5		9		5		27	
7		7	10	6		2	19	6		6	
8		15	16	7		7	12	7		4	1
9		12		8		24		8		4	
2980	....	19	19	9		9	19	9		4	
1		28	19	3030	....	6		3080	....	3	
2		36		1		11	5	1		4	16
3	gâté	4	16	2		7	5	2		4	10
4		10		3		7		3		5	
5		2		4		29	19	4		3	1
6		2	10	5		80		5		3	
7		80		6		230		6	gâté	2	3
8		16		7		5		7	imparf.	1	17
9	imparf.	24		8		3	1	8		1	11
2990	....	4		9		1	4	9		8	
1		16		3040	....	12	12	3090	....	1	12
2		9	19	1	imparf.	1	1	1		6	7
3		6	19	2		2	9	2		19	
4	gâté	3		3		2	19	3		3	
5		4	5	4		10	19	4		2	
6	piqué	4	10	5		2		5	gâté	25	13
7		7	10	6		3	13	6	gâté	12	1
8		12	12	7		11	19	7	gâté	9	
9		5	19	8		2	8	8		8	5
3000	....	16	15	9		4	19	3100	....	3	
1		359	19	3050	....	2	3	1		15	1
2		7	10	1		1	10	2		4	10
2	double	10	19	2		1	12	3		83	19
3		7	16	3		1	12	4		8	19
4		6	12	4		2	12	5		6	2
5		4		5		1	13	6		15	1
6		5		6		6	19	7		6	10

DE M. LE DUC DE LA VALLIERE.

Nos	liv.	s.	Nos	liv.	s.	Nos	liv.	s.
3108	12		3156	14	19	3205	6	4
9	120		7	2	10	6	18	10
3110	1	5	8	4	4	7	24	
1	4	5	9	3	19	8	3	
2	6		3160	29	19	9	8	1
3	10	4	1	2	1	3210	9	10
4	4	12	2	35	5	1	19	19
5	6	19	3	10		3	4	
6	3	1	4	12	3	4	5	3
7	3	7	5	24	1	5	9	19
8	13	19	6	11		6	8	19
9	5	19	7	40		7	12	1
3120	6		8	3		8	37	10
1	3	1	9	17	19	9	150	
2	1	10	3170	1	16	3220	19	
3	8		1	1	16	1	10	
4	13	7	2	2	10	2	500	
5	6	2	3 imparf.	2	11	3	3	12
6	3		4	4	12	4	15	
7	7	5	5	12		5	4	5
8	3	15	6	24		6	10	
9	2	10	7	6		7	6	
3130	16	5	8 imparf.	3	8	8	2	5
1	9		9	3	11	9	3	
2	3		3180	5		3230	15	19
3	6		1 rogné	10		1	5	4
4	5	12	2	18	1	2	4	15
5	4	4	3	2	8	3	5	
6	2	6	4	3	19	4	3	
7	3	10	5	4	1	5	3	15
7 double	9	12	6	10	19	6	15	19
8	2		7	30		7	5	
9	2	10	8	2	10	8	3	18
3140	2	12	9	25		9	10	1
1	3	3	3190 . . .	15		3240	6	
2	2		1	7	19	1	50	
3	4		2 gâté	4	1	2	9	
4	4	4	3	24		3	3	1
5	1	10	4	7	13	4	5	
6	4	6	5	24	1	5	9	12
6 double	2	2	5 double	30		6	15	
7	8	19	6	5	1	7	14510	
8	4	3	7	47	19	8	406	
9	7	4	8	23	19	9	15	
3150	2	9	9	3	1	3250	9	
1	4	4	3200	4		1	10	14
2	3		1 rogné	1	4	2	12	
3	8	5	2	2	8	3	6	
4	4		3	36	19	4	24	
5	5	10	4	7	3	5	1	19

D

PRIX DES LIVRES DE LA BIBLIOTHEQUE

Nos	liv.	s.	Nos	liv.	s.	Nos	liv.	s.
3256	26	19	3306	39		3357	24	
7	48	19	7	72		8	1500	
8	26		8	21	19	9	21	4
9	6	12	9	180	1	3360	20	19
3260	330		3310	27	1	1	4	10
1	98		1	51		2	40	
2	50		2	42		3	60	
3	337		3	124		4	5	
4	10	12	4	6	2	5	24	
5	168		5	10	7	6	6	19
6	62		6	181		7	59	19
7	59	19	7	25	12	8	461	
8	3		8	102		9	13	
9	5		9	187		3370	10	
3270	2	10	3320	43		1	13	10
1	4		1	101		1 double	9	3
2	1		2	20		2	160	
3	5		3	44		3	42	
4	17	19	4	110		4	6	
5	14		5	200		5	52	10
6	9	1	6	48		6	9	10
7	30		7	32	19	7 av. 3383	62	
8	9	19	8	160	19	8	10	10
9	36		9	80		9	12	5
3280	108		3330	31		3380	80	
1	9	10	2	30		1	20	
2	12		3	65		2	201	
3	80		4	690		3 v. 3377		
4	2		5	30		4	101	
5	1	10	6	26		5	62	
6	36	1	7	40		6	270	
7	13	4	8	100		7	9	
8	6	6	9	40	5	8	15	
9	2	8	3340	22		9	15	
3290	2	10	1	7	19	3390	5	
1	2	2	2	17	19	1	4	
2	11	19	3	9		2	18	
3	1	10	4	6		3	9	
4	1	10	5	5	10	4	17	
5	6	6	6	9	1	5	6	1
6	5	19	7	6		6	25	
7	8	19	8	12		7	17	19
8	29		9	20	19	8	3	
9	40		3350	6		9	6	
3300	24		1	36		3400	18	
1	47	19	2	60	2	1	48	1
2	24		3	39	19	2	27	1
3	19	19	4	702		3	15	
4	220		5	38		4	8	2
5	75		6	24		5	40	

Nos	liv.	s.	Nos	liv.	s.	Nos	liv.	s.
3406	6	1	3455	3		3504	19	
7	3		6	3		5	53	
8	35	19	7	3		6	3	11
9	11	4	8	45		7	3	
3410	11	19	9	158		8	19	
1	9		3460	36		9	4	10
2	6	10	1	7		3510	10	19
3	8	10	2	1	10	1	6	6
4	12	1	3	200		2	72	
5	14	19	4	3		3	152	
6	9		5	18		4	3	
7	4	5	6	9	10	5	82	
8	3		7	4		6	3	
9	9		8	3		7	1	5
3420)			9	3		8	6	5
1)	57	19	3470 imparf.	1	10	9	3	
2	137	10	1	25		3520	3	
3	85	19	2	27		1	6	12
3 d. rogné	31		3	6		2	6	5
4	7	10	4	13	10	3	6	1
5	3	9	5	3		4	5	5
6	5	1	6	11	19	5	4	1
7	4	5	7	3		6	3	
8	3		8	5		7	8	15
9	4		9	6	19	8	1	4
3430	4	19	3480	4		9	1	4
1	3		1	3	10	3530	12	
2	49		2	3		1	1	16
3	48		3	3		2	1	4
4	124		4	3	12	3	1	
5	26		5	3	15	4	1	4
6	310	3	6	3	5	5	3	1
7	12	19	7	6		6	47	19
8	27		8	7	15	7	2	
9	50		9	10	10	8	5	
3440	48		3490	6	5	9	3	
1	150		1	6	5	3540	80	
2	5	19	2	3	2	1	1	19
3 imparf.	1	10	3	14	11	2 imparf.	3	12
4	3		4	72	1	3	6	
5	3		4 double	84	15	4	6	10
6	3		5	99	19	5	5	12
7	3	8	6	6	1	6	52	
8	3		7	71		7	16	15
9	4		8	31	19	8	42	
3450	3		9	19	10	9	50	
1	20	19	3500	21		3550	3	1/2
2	12	19	1	16		1	5	
3	8	19	2	15	1	2	9	
4	12	15	3	24		3	3	

PRIX DES LIVRES DE LA BIBLIOTHEQUE

Nos	liv.	s.	Nos	liv.	s.	Nos	liv.	s.
3554	149	19	3604	199	19	3654	10	1
5	239	19	5	5		5	39	19
6	59	19	6	160		6	30	
7	72		7	8		7	20	
8	799	19	8	5	19	8	59	19
9 imparf.	90		9	113		9	3	
3560	23	19	3610	480		3660	27	
1	72		1	9		1	79	19
2	95		2	195		2	12	
3	179	19	3	8		3	270	
4	24		4	24	1	4	7	10
5	11		5	11	19	5	46	
6	28		6	15	15	5 double	55	
7	11	15	7	200		6	9	19
8	13	10	8	6		7	18	9
9	480		9	6		8 imparf.	10	
3570	6		3620	105		9	13	10
1	180		1	15	12	3670	40	2
2	9		2	9		1 taché	150	
3	42		3	114	19	2	495	1
4	9		4	37		3	80	
5 imparf.	6	4	5	18	18	4	4	
6	30		6	19	19	5	7	
7	311		7	5	19	6	15	5
8	168		8	3	2	7	15	
9	1330		9	31	10	8	9	1
3580	145		3630	28		9	6	
1	299	19	1 imparf.	6		3680	24	
2	250		2	9		1	59	19
3	39	19	3	30	19	2	6	
4	6	3	4	7	19	3	14	18
5	16	10	5	27	19	4	24	10
6	18		6	6	2	5	6	2
7	19	10	7	17	10	6	4	16
8	6	12	8	10	19	7	10	
9	8	5	9 imparf.	6		8	7	15
3590	10	4	3640 rogné	12	19	9	75	
1	9	8	1	48		3690	15	
2	24		2	7	10	1	16	19
3	10	4	3	30		2	5	
4	12		4	59	19	3	4	
5	18		5	12	2	4	23	19
6	12	1	6	6		5	47	19
7	7	10	7	4		6	29	19
8	500		8	79		7 rogné	6	19
9	88		9	48		8	17	19
3600 piqué	9		3650	6		9 imparf.	2	
1	9	1	1	24		3700	4	15
2	48		2 imparf.	2		1	3	10
3	415		3	6		2	7	2

DE M. LE DUC DE LA VALLIERE.

Nos	liv.	s.	Nos	liv.	s.	Nos	liv.	s.
3703	12		3751	12	3	3800	3	1
4	25	10	2	7	19	1	5	
5	119	19	3	12		2	4	
6	79		4	2	10	3	7	4
7	15		5	3	19	4	7	4
8	6		6	4	13	5	55	19
9	12	19	7	3	15	6	19	19
3710	5		8	4	1	7	12	
1	6	6	9	3		8	2	15
2	9	19	3760	3		9	42	9
3	17		1	3	15	3810	58	19
3 double	21	2	2	1	4	3810 double	33	
4	3	15	3	1	4	1	15	
5	7		4	3		2	6	2
6	2		5	11		3	6	10
7	6		6	8		4	4	
8	49		7	10		5	12	1
9	3	10	8	15		6	61	19
3720	45		9	1	4	7	120	
1	13	10	3770	1	10	8	56	
2	36		1	1	10	9	148	
3	18	1	2	2		3820	25	1
4	8	19	3	3		1	48	
5	10		4	10	19	2	89	19
6 rogné	15		5	1	10	3	121	2
7	52		6	2		4	102	
8	5	18	7	1	10	5	3	12
9	20		8	3	19	6	12	12
3730	18		9	10		7	10	
1	25	19	3780	12		8	3	19
2	9		1	5		9	3	3
3	6		2	3		3830	14	10
4	30		3	7		1	87	1
5 rogné	18		4	1	10	2	6	
6	15		4 double	1	10	3	12	
7 rogné	4	19	5	2		4	7	4
8 rogné	5		6	6		5	9	
9	4	10	7	35	19	6	1	5
3740	36		8 rogné	17		7	4	
3740 double	12	12	9	3	10	8	1520	
1	18		3790	4		9	19	
2	100		1	12	10	3840	42	
3	22	10	2	6		1	34	
4	95		3	132	1	1 double	33	
5	13		4	3		2	4	10
6	6	12	5	4	1	3 tâché	6	
7	2	11	6	1	10	4	9	10
8	11		7	82		5	23	
9	11		8	36	1	6	99	19
3750	6		9	9		7	30	19

PRIX DES LIVRES DE LA BIBLIOTHEQUE

Nos	liv.	s.	Nos	liv.	s.	Nos	liv.	s.
3848	24		3895	2	8	3945	16	10
9	17		6	3		6	24	12
3850	6	1	7	9		7	24	5
1	5	19	8	2	1	8 imparf.	10	4
1 double	9		9	4	4	9	7	5
2 imparf.	18		3900	2	11	3950	13	4
3	6	1	1	2	10	1	9	10
4	12	19	2	3	2	2	31	10
5 imparf.	6	2	3	2	12	3	9	4
6	11	7	4	15		4	12	10
7	7	10	5	3	2	5	32	
8	9	10	6	31		7	7	
9	10	4	7	96		8 }	13	1
3860	4	3	8	12	19	9		
1	102	19	9	8	19	3960	7	4
2	365		3910	56		1	7	6
3	2	10	1	24		2	3	17
4	4	12	2	161		3	460	
5	8	12	3	320	1	4	7	10
6	3		4	6	16	5	24	10
7	3	5	5	5	1	6	5	10
8	6	15	6	8	11	7	7	1
9	1	16	7	9		8	6	13
3870	8	1	8	8	16	9	8	2
1	62		9	3	19	3970	61	
2	4	1	3920	8	1	1	20	1
3	4	12	1	30	1	2	126	
4	6		2	11	1	3	24	
5	11	1	3 imparf.	84		4	13	4
6	16	19	4	17	5	5 rogné	5	19
7	16		5	72	19	6	80	
8	24	1	6 gâté	118	19	7	15	
9	2	4	7	10	14	8	14	19
3880	15		8	13	12	9	31	
1	10		9	29	10	3980	6	15
2	10	1	3930	360		1	7	19
3 imparf.	2	1	1	10		2	7	10
4 imparf.	1	10	2	30		3	54	
5 imparf.	2	4	3	56	19	4	6	
6	4	2	4	167	19	5	94	19
7	9		5	71	19	6	8	
8	15		6	6	1	7	3	
9	7		7	800		8	144	19
3890	3	16	8	284		9	218	
3890 double	4	1	9	18	1	3990	241	
3890 triple	3	12	3940	244		1	24	19
1	34		1	6	17	2	24	
2	5	10	2	9		3	25	19
3	4	6	3	3		4	110	
4	3		4	25	10	5	12	

DE M. LE DUC DE LA VALLIERE.

Nos	liv.	s	Nos	liv.	s.	Nos	liv.	s.
3996 . . .	244		4045	9	2	4095	14	
7	140		6	18		6	340	
8 piqué	72		7	49	19	7	1601	
9 imparf.	52	2	8	13	19	8 imparf.	76	
4000 . . .	144		9 piqué	5	1	9 imparf.	90	
1 imparf.	18	4	4050	8	19	4100 . . .	179	
2	6	19	1	13	16	1	72	
3	19		2 imparf.	24		2	18	1
4	31	10	3	9	5	3	12	3
5	16		4	30		4 imparf.	9	
6	33		5	29	19	5	12	1
7	61		6	430		6	17	1
8	60		7	10	10	7	910	
9	37	10	8	15	11	8	7	10
4010 rendu.			9	8		9	24	10
1	15	19	4060	10	10	4110	74	
2	16		1	12	16	1 gâté	8	
3	6	14	2	150	2	2	10	
4	7	19	3	59	19	3	13	10
5	89		4 rogné	1	4	4	9	
6	37		5 imparf.	135		5 gâté	8	13
7	400		6	9	5	6	5	15
8	9	2	7	9	1	7	17	
9	12		8, 4070.	267		8	16	4
4020	14	1	9	2		9	32	
1	9	12	4070 v. 4068.			4120	36	
2	25		1	8		1	5	19
3	34	10	2	11		2	14	1
4	18	19	3	34	12	3	9	19
5	7	5	4	72		4	14	
6	37	13	5	18	10	5	12	1
7	12	15	6 mouillé	7	19	6	24	
8	15		7	12		7	200	
9	8	1	8	3		8	73	
4030	40		9	12		9	20	
1	20		4080 taché	9	4	4130	11	19
2	10		1 imparf.	14		1	21	
3	18		2	25	2	2	10	1
4	19	15	3	6	4	3	10	1
5	7	17	4 imparf.	3		5	50	
6	118		5 imparf.	29	1	6	7	15
7	19	10	6 piqué	7	12	7	9	1
8 taché	9		7	720		8	13	
9	20	2	8 rendu.			9	10	
4040	23	19	9	20		4140	72	
1	8	1	4090	9		1	39	1
1 double	10	1	1	8		2	20	
2	6		2	7	2	3	20	
3	212		3 rogné	9		4	12	10
4	8	2	4	10	10	5	21	10

PRIX DES LIVRES DE LA BIBLIOTHEQUE

Nos		liv.	s.	Nos		liv.	s.	Nos		liv.	s.
4145	double	23	2	4192	....	4	14	4241	....	5	10
6		25		3		110		2		22	19
7		16		4		7	19	3		4	19
8		13	5	5	imparf.	3		4		3	
9		12	1	6		23		5		3	
4150	....	6	1	7		103		6	rogné	5	
1		15		8		180		7		4	15
2		27	12	9		1130		8		4	10
3		36		4200	....	500		9		12	
4		36	1	1		601		4250	....	20	
4	double	28	10	2		180		1		99	19
5		48		3		726		2		99	19
6		559		4		12		3		4	2
7		168		5		26		4		6	3
7	doub.	100		6		6		5		40	19
8		39		7		12		6		40	
9		20	1	8		8	19	7		71	19
4160	....	3		9		59	19	8		7	1
1		102	19	4210	....	35	19	9		6	5
2		23	19	1		24	19	4260	imparf.	2	11
2	*	299		2		48		1		2	12
3		54		3		30	8	2		4	11
4		5		4		49		3		2	2
5		5		5		36		4		4	
6		13		6		4	1	5		2	5
7		18	2	7		24	10	6		6	
8		5	19	8		30	4	7		7	
9		8		9		25	2	8		8	19
4170	....	3		4220	....	10	19	9		5	15
1		21	1	1		28		4270	....	4	4
2		4		2		24	19	1		4	10
3		41		3		14		2		4	1
4		7	10	4		6	16	3		7	19
5		7	15	5		39	19	4		5	7
6		23	1	6		16	4	5		18	
7		315		6	double	15		6		3	
8		50	1	7	rogné	16		7		3	3
9		49		8		40		8		6	1
4180	....	13	10	9		17		9		3	1
1		50		4230	....	16		4280	....	9	
2		4	1	1		15		1		7	10
3		12	12	2		8		2		5	3
4		6		3		12	13	2	double	15	2
5		4	19	4		24		3		36	
6		3		5		135		4		9	
7		24		6		48		5		37	
8		7		7		9	15	6		22	1
9		202		8		10	12	7		39	19
4190	....	7		9		84		8		10	1
1		5	2	4240	....	3		9		2	

DE M. LE DUC DE LA VALLIERE. 33

Nos	liv.	s.	Nos	liv.	s.	Nos	liv.	s.
4290	6	8	4340	18	4	4388	3	1
1	7	18	1 imparf.	3		9	36	12
2	2		2	10	4	4390	4	
3	5		3	25	1	1	6	
4	3	1	4 piqué	12		2	16	10
5	6		5 } imp.	48		3	7	
6 imparf.	4	15	6 }			4	42	
7	33		7	5		5	60	
8 imparf.	23		8	12	1	6	48	1
9	5		9	5		7	2	
4300	7	19	4350 imparf.	12	2	8	3	
1	201		4350 double	12	1	8.*	19	
2	2		1	18	1	9	1	10
3	12		1 double	16	16	4400	56	1
4	5	1	2 mouillé	12	1	1	3	15
5	7	12	3	12		2	11	19
6	3		4	24	5	3	16	10
7	2		5	3		4	108	19
8	48		6 imparf.	4		5	200	
9 gâté	3	1	7	28	1	6	60	
4310	3	1	8 gâté	13	10	7	9	13
1	8		9	9		8	120	
2	9	2	4360	3	17	9	120	
3	83	19	1	10	10	4410	5	
4	125		2	9	14	1	10	19
5	6	1	3	4	13	2	38	
6	301		4	120		3	4	15
7	761		5	6	18	4	4	19
8	14	19	6	75		5	3	1
9	26		7	200		6	100	
4320	9		8	66	19	7	224	
1	3	1	9	60		8	4	
2	2	1	4370	15	2	9	41	
3	3		1	26	19	4420	50	
4	51		2	15	19	1	12	
5	12	4	3	166		2 imparf.	12	
6	71	19	4	45	19	3	48	
7	25		5	1211		4	12	
8	7	15	6	6	3	5	15	
9	15	5	7 }	90	1	6	31	
4330	10	15	8 }			7	276	
1	5	1	9 }	168		8	101	
2	5	6	4380 }			9	61	
3	15		1	45		4430	60	
4	26		2	15		1	7	15
5	12	2	3	4		2	3	
6	720		4	30	1	3	500	
7	41	10	5	33	1	4	72	
8	144	10	6	45	1	5	28	
9	57		7	9	1	6	802	

E

PRIX DES LIVRES DE LA BIBLIOTHEQUE

Nos		liv.	s.	Nos		liv.	s.	Nos		liv.	s.
4436	d. piq.	461		4447	piqué	72	19	4458	....	16	
7		16	10	8		117	1	9		12	
8		9	1	9	mouillé	13	4	4460	....	3	12
9		9	19	4450	....	14	19	1		10	10
4440	....	6		1		8	10	2		6	1
1		200	1	2		61		3		5	
2		11	19	3		10	16	4		8	15
3	mouillé	21		4		5		5		11	4
4	piqué	57	1	5		374		6		9	1
5		67		6		7	10				
6		100		7		11					

HISTOIRE.

Nos		liv.	s	Nos		liv.	s.	Nos		liv.	s.
4467 } 8 }	...	84		4500	....	49	19	4533	....	8	19
9		19		1 } 2 }		39		4 } 5 }		240	1
4470	....	2	2	3		50		6		10	2
1		44		4		99	19	7		111	
2		6	2	5		201		8		14	10
3		4	10	6		30	1	9		12	
4		31		7		11		4540	...	283	
5		115		8 } 9 } 4510 } 1 }	...	1950		1		6	19
6		15						2		9	
7		31						3		9	
8	imparf.	64						4		2	1
9		8	19	2		50		5		24	
4480	...	241	19	3		129	19	6		6	18
1		350	19	4		144		7		18	1
2		62		5		8		8		12	
3		47	19	6		20	19	9		29	19
4		35		7		13		4550	....	29	19
5		24		8		13	19	1		3	1
6		60		9		11		2		24	
7		49		4520	....	29		3		23	
8		163		1		50		4		33	19
9		34	19	2	piqué	16		5		28	19
4490	....	23	19	3		36	1	6		9	1
1		178		4		30		7		6	1
2		30		5		23	19	8		6	12
3		34		6		39	19	9		60	
4		24		7		2000		4560	....	30	
5		37		8		51	19	1		300	
6 } 7 } 8 }		277	19	9		72		2		23	19
				4530	...	119	19	3		16	4
				1		54		4		29	19
9		60		2		32		5		130	

DE M. LE DUC DE LA VALLIERE. 35

Nos	liv.	s.	Nos	liv.	s.	Nos	liv.	s.
4566	6		4614 ⎫			4662	50	
7	121		5			3	160	
8	9	19	6 ⎬	360		4	80	1
9	9		7			5	96	1
4570	12	1	8 ⎭			6	25	
1	17		9	50	19	7	46	1
2 imparf.	24		4620	13	4	8	12	
3	6	2	1	123		9	12	
4	11	19	2	16	19	4670	3	19
5	90		3	8		1	15	2
6	7		4 ⎫			2	9	19
7	55		5 ⎬	71	19	3	450	
8	50		6	29	19	4	180	
9	65	19	7	6	19	5	24	
4580	680		8	10	4	6	13	12
1	179		9	130		7	5	
1 doub.	184		9 *	60		8	12	
2	90		4630	2	1	9 ⎫		
2 d. imp.	36		1	5		4680 ⎬	18	
3	81		2 rogné	45	1	1	68	
4	31		3	7	12	2	3	19
5	9		4	18		3	24	10
6	2	12	5	6		4	80	
7	14		6	36		5	84	
8	16	19	7	51		6	6	
9	6	10	8	16	4	7 imparf.	100	
4590	55		9	23	19	8	14	
1	336		4640	48	5	9	83	19
2	199	19	1	7	12	4690	11	19
3	12		2	9		1	80	
4	3	1	3	60		2	26	
5	4	12	4	178		3 imparf.	30	
6	37	19	5	24		4	39	
7	20		6	72	15	5	80	
8	30		7	15		6	24	
9	36		8	550		7	60	
4600	12	1	9	3		8	59	
1	445		4650	6	4	9	25	
2	150	1	1	240		4700 imparf.	8	19
3	41	10	2	3	4	1 imparf.	8	1
4	454		3	2		2	30	19
5	250		4	24	19	3	2	
6 ⎫			5	31	10	4	19	
7 ⎬	36		6	4	1	5	20	
8			7	15	16	6	6	5
9 ⎭			8	2	19	7	9	
4610	42		9	4	1	8	2	
1	9	1	4660	6	1	9	4	
2	300		4660 double	3	10	4710	6	
3	360		1	14	19	1	4	

PRIX DES LIVRES DE LA BIBLIOTHEQUE

Nos	liv.	s.	Nos	liv.	s.	Nos	liv.	s.
4712	5	19	4761	9		4810	31	10
3	100		2	5		1	46	1
4	13	10	3	8		2	5	
5	6		4	40		3	5	
6	120		5	19		4	24	
6 d. piq.	60		6	11		5	167	19
7	1799	19	7	5		6	132	
8	59	19	8	15	1	7	65	
9	29	19	9	23		8	80	
4720	1	10	4770	10		9	3	
1	2	2	1	13	13	4820	12	
2	22		2	9	12	1	10	19
3	16		3	130		2	550	
4	9	12	4	80		3	41	
5	1	4	5	9	10	4	28	1
6	1		6	8		5	52	19
7	400		7	15	5	6	56	
8	18		8	21		7	44	1
9	12	19	9	5		8	24	
4730	150		4780 }	1429		9	73	
1	6	1	1 }			4830	350	
2	4	5	2	3		1	12	10
3	16	4	3	7	10	2	248	
4	2	8	4	10	19	3	50	
5 }			5	500		4	220	
6 }	85		6	12	19	5	50	
7 }			7	12		6	12	
8 }			8	8	19	7	122	
9	72		9	3		8	619	19
4740	27		4790	5	19	9	51	
1	215		1	7	19	4840	30	2
2	46		2	8	19	1	12	5
3	100		3	90		2	18	
4	60		4	3	10	3	54	
5	72		5	12		4	1000	
6	25	1	6	38	19	5	49	
7	21		7	16	12	6	81	
8	1	10	8	12	10	7	12	
9	4	7	9	35		8	12	5
4750	3	4	4800	132		9	142	
1	1	11	1	40		4850	353	
2	30		2	10		1	36	2
3	24	19	3	74	19	2	416	
4	1	10	4	30		3	103	
5	12		5	28	19	5	23	19
6	3	1	6	330		6	400	
7	2		6 double	570		7 mouillé	14	10
8	1	4	7	78		8 piqué	34	5
9	2		8	18	19	9	35	19
4760	5		9	23	10	4860	44	19

DE M. LE DUC DE LA VALLIERE.

Nos		liv.	s.	Nos		liv.	s.	Nos		liv.	s.
4861	....	43	1	4908	piqué	27		4957 }			
2		73	1	9		13	4	9 }	...	2251	
2	double	60		4910	rogné	15	10	4960	piqué	200	
3		290		4910	double	75		1		35	
4		400		1		26	19	2 }			
5		9		2		999	19	3 }		400	
6		23	19	3		53		4		20	
7		53		4		9	1	5		15	
8	déchiré	10	4	5		701		6		300	
9		71	19	6		870		7		158	
4870	....	6		7	piqué	8	4	8		80	
1		6	12	8		44		9		3	19
2		10	19	9		740		4970	....	7	4
3		18		4920	...	499	19	1		7	5
3	double	16	4	1		19	19	2		6	
4		8	19	2		120		3		12	10
4	double	8	19	3		538		4		15	12
5		901	2	4		1340		5		3	10
6		19		5		429		6		31	
7		251		6		21	2	7		6	
8		161		7		18		8		4	19
9		384		8		9	19	9		13	
4880	...	700	9	9		18	10	4980	....	3	
1		80		4930	....	47		1		4	19
2		146		1		48		2		33	
3		24		2		40		3		31	19
4		11	19	3		36		4		21	19
5		48		4		80		5		7	19
6		200		5		440		6		54	
7	piqué	190		6		9	19	7		54	
8		230		7		325		8		48	
9		230		8		24		9		8	19
4890	....	30		9		19	19	4990	....	18	10
1		50		4940	...	110		1		48	
2		16		1		9		2		66	
3		14	1	2		12	19	3		59	19
4		15		3		27	19	4		27	
5		23		4		22	1	5		71	
6		6		5		10	19	6		172	
7		7	19	6		11	19	7	gâté	15	
8		12	10	7		48		8		10	10
9		9	12	8		72		9		16	
4900	....	11		9		200		5000	....	34	
1		39		4950	....	11	19	1		10	10
2		61		1		3	15	2		7	
3		31		2		40	19	3		4	4
4		461		3		71	19	4		10	
5		1260		4		5		5		9	
6		360		5		9	2	6		16	5
7		72		6		22	19	7		77	

PRIX DES LIVRES DE LA BIBLIOTHEQUE — 38

Nos	liv.	s.	Nos	liv.	s.	Nos	liv.	s.
5008	9	5	5058	640		5106 }		
9	3		9	155		7 } ...	73	
5010	3		5060	11		8 }		
1	3		1	17	19	9	161	
2	8	1	2	17	19	5110	9	5
3	310		3	6		1	6	
4	101		4 }			2	13	4
5	550		5 }	150		3	24	
6	106		6 }			4	20	
7	605		7	2		5	18	
8	300		8	60		6	120	
9	72		9	53	1	7	116	
5020	850		5070	1299	19	8, 5155.	111	
1	130		1	4		9	6	
2 imparf.	53		2	11	19	5120	19	19
3	3		3	72		1	29	19
4	59	19	4	19	19	2	6	
5	4		5	3		3	6	
6	802		6	8	5	4	5	
7	4	10	7	43	19	5	12	1
8	670		8	30		6	12	3
9	550		9	286		7	8	1
5030	8	1	5080	3	19	8	13	
1	124		1	9		9	36	
2	810		2	6	13	5130	12	15
3	57		3	6	10	1	3	11
4 }	240	1	4	12	19	2	6	
5 }			5	4	5	3	9	
6	181		6	4	1	4	9	10
7	12	19	7	55		5	6	15
8	15		8	12	19	6	18	10
9	190		9	9	19	7	3	1
5040	48		5090	35		8	8	1
1	7	15	5090 *	36		9	15	
2	8	2	1	7	15	9 double	24	1
3	3	1	2	13	10	5140	91	
4	6		3	24		1	6	
5	6		4	9		2	54	
6	3	3	5	3	11	3 rogné	2	8
7	3	6	6 rogné	2		4	13	10
8	29	19	7	10		5 mouillé	9	1
9	60	1	8	73		6 rogné	6	
5050	37		9	15		7	30	
1	920		5100	12		8 imparf.	1	16
2	51	19	1	1	10	9	9	
3	29	10	2	3		5150	9	1
4	60		3	2	1	1 rogné	10	10
5	48		4	10		1 double	22	
6	2700		5	35	19	2	8	1
7	32	19				3	6	10

DE M. LE DUC DE LA VALLIERE.

Nos		liv.	s.	Nos	liv.	s.	Nos	liv.	s.
5154	piqué	40		5202	2		5251	73	
5 v. 5118				3	10		2	82	
6		250	1	4	12	19	3	20	12
7	piqué	8		5	26	12	4	10	19
8		3	12	6	6	16	5	21	1
9		8	5	7	48		6	12	
5160		9		8	3	2	7	450	
1		17	19	9	199	19	8	18	
2		12		5210	38		9	9	
3		5		1			5260	9	1
4		2		2	120		1	12	12
5	rogné	7	12	3			2	73	1
5	double	6	1	4	60		3	8	19
6		4	7	5	4		4	135	19
7	rogné	15		6	15	10	5	73	
8		30	19	7	7	4	6	4	2
9		80		8	4		7	3	
5170		50	19	9	393		8	12	
1		15	19	5220	40	9	9	4	4
2		4	19	1	24	1	5270	4	1
3		9		2	13	12	1	55	10
4		37	19	3	23	19	2	4	13
5		13	10	4	24		3	3	
6		9	10	5	34	1	4	58	
7		15		6	88		5	2	
8		5		6 double	48	10	6	3	13
9	rogné	2	9	7	12		7	6	16
5180		18	10	8	8	1	8	6	19
1		30	19	9	9	10	9	31	
2		25		5230	8	10	5280	31	5
3		6	19	1	15		1	60	
4		13	4	2	4		2	41	
4	double	18	2	3	14		3	42	
5		14	2	4	4	2	4	44	19
6		6		5	2400		5	3	1
7		7	19	6	12		6	6	
8		6	19	7	4	10	7	7	4
9		7	12	8	15		8	62	19
5190		72	19	9	5		9	27	1
1		18		5240	5		5290	30	12
2		18		1	23	19	1	100	
3		4		2	9	1	2	72	
4		30		3	12		3	600	
5		3	1	4	14	19	4	106	
6		6		5 rogné	4	19	5	1510	
7		3		6	6	15	6	12	1
8		8		7	35		7	151	
9		9	12	8 gâté	3	16	8	17	19
5200		24	19	9	13	10	9	5	1
1		16		5250	20	19	5300	170	

PRIX DES LIVRES DE LA BIBLIOTHEQUE

Nos	liv.	s.	Nos	liv.	s.	Nos	liv.	s.
5301	12	10	5351	24		5400	7	17
2	15		2	40		1	8	
3	48		3	55	19	2	39	19
4	27	1	4	19		3	9	
5	43		5	120		4	4	5
6	40	19	6	209		5	8	2
7	60	1	7 }			6	15	1
8	11	19	8 }	124		7	7	
9	361		9			8	15	2
5310	150	1	5360	6		9	3	19
1 }	216		1	47	19	5410	2	8
2 }			2	192	19	1	159	19
3	4	1	3	16	19	2	30	
4	4		4	25	10	3	51	10
5	29	19	4*	21	1	4	2	10
6	4	1	5	250		5	400	
7	6		6	37	1	6	410	
8	12		7	20		7	14	
9	6	2	8	50		8	1210	
5320	15	1	9 }	31	1	9	25	15
1	6		5370 }			5420	7601	
2	16	19	1	1351		1	21	4
3	24		2 piqué	24		2	18	
4	18		3	18		3	17	19
5 }	87	19	4	35		4	1	4
6 }			5	36		5	18	
7	60	19	6	36		6	25	19
8	43		7	24	10	7	54	
9	24		8	98		8 imparf.	31	1
5330	18		9	84		9	75	19
1	22	19	5380	19	1	5430	12	
2	18	4	1	22	19	1	458	
3	13	4	2	60		2	24	1
4	29	19	3	5	19	3	24	
5	1700		4	19		4 }		
6	15		5	28		5 }		
7	16		6	105	1	6 }		
8	21		7	104		7 }	1782	
9	40		8	6	12	8 }		
5340	68	19	9	9	19	9 }		
1	30		5390	9		5440 }		
2	12		1	26	19	1 }		
3	107		2	15		2 }	392	2
4	9	1	3	12		3 }		
5	1	4	4	6		4	36	
6	17	16	5	20	1	5	9	19
7	3	1	6	34	19	6	9	
8	23	19	7	14	19	7	10	
9	19		8	15		8	12	2
5350	9		9 taché	5	19	9	20	1

DE M. LE DUC DE LA VALLIERE.

Nos	liv.	s.	Nos	liv.	s.	Nos	liv.	s.
5450	8		5499	54	1	5549 . . .	75	
1	35		5500	12		5550	27	12
2	2		1 piqué	3		1	123	
3	17	19	2 imparf.	3	12	2 ⎫	230	
4	48		3	14	19	3 ⎭		
5	38		4	9	1	4	30	
6	125		5	22		5	13	4
7	19		6	7		6	23	19
8	24	12	7	48		7	26	
9	4	10	8	33	10	8	12	15
5460	99	19	9	9		9	156	
1	160		5510	30	4	5560 . . .	101	
2	64		1	90		1	15	19
3	27		2	699	19	2	48	
4	121		3	12	3	3 ⎫		
5	24		4	168		4 ⎬ piqué	70	
6	18		5	399	19	5 ⎪		
7	24	19	6	81		6 ⎨		
8	39	19	7	33	5	7 ⎬ . . .	195	
9	59	19	8	13	15	8 ⎪		
5470	10		9	171		9 ⎭		
1 ⎫	113		5520	28		5570 . . .	200	
2 ⎭			1	81		1	873	
3	51		2	116		2	360	
4	16	19	3	80		3	150	
5 ⎫	93	1	4	175		4	900	
6 ⎭			5	18		5 ⎫	402	
7	60		6	48		6 ⎭		
8	29		7	1199	19	7		
9	58		8	150		8	375	
5480	8	1	9	40	19	9	160	
1 piqué	6		5530	51		5580 . . .	201	
2	18	19	1	136		1	119	19
3	25	1	2	226	19	2	19	1
4	60		3	77		3	213	
5	73		4	40	19	3 d. rog.	132	
6	36		5 imparf.	54		4	13	4
7	21		6	60		5	102	
8 ⎫	216		7	24		6	120	
9 ⎭			8	150		7	60	
5490 . . .	812		9 ⎫	349	19	8	330	1
1	90		5540 ⎭			9	125	
2	140		1	154		5590	63	
3	61		2	18		1	164	
4	61		3	66		2	36	19
5	44		4	78		3	4	
6	101		5 ⎫	168		4	3	10
7	59		6 ⎭			5	3	
8	106	19	7	58		6	6	4
8 double	100		8 piqué	24	10	7	6	19

F

PRIX DES LIVRES DE M. LE DUC DE LA VALLIERE.

Nos		liv.	s.	Nos		liv.	s.	Nos		liv.	s.
5598	....	15	19	5622	double	34	19	5645	....	80	
9		99	19	3		3		6		74	
5600	....	71		4		92		7	piqué	60	
1		360		5		9		8		34	
2		251		6		2	10	9		60	
3		33		7		5		5650	....	15	
4		22	4	8		6	19	1		12	2
5		60		9		14		2		27	
6		360		5630	....	38		3		46	19
7		141		1		4	4	4		215	19
8		24	19	2	imparf.	5	19	5		30	
9	gâté	149		3		2		6		150	
5610	....	9		4		3	2	7		79	19
1		4	13	5		7		8 }		8.16	
2		17		5	double	5	10	9 }			
3		8	12	6		6		5660	....	12	19
4		474		7		4	16	1		24	
5		9		8 }		60		2		17	19
6		84	1	9 }				3		81	
7		9		9	double	12	4	4		6	
8		120		5640	....	36		5		29	19
9		114		1		1	16	6		160	
5620	...	136		2		4	4	7		49	
1		37		3		1500	15	8		18	
2		40	1	4		902					

FIN.

TOTAL DU PRODUIT DE LA VENTE.

THÉOLOGIE, ...	98,324 liv.	17 s.
JURISPRUDENCE, ...	11,776	14
SCIENCES ET ARTS, ...	78,576	8
BELLES-LETTRES, ...	156,201	14
HISTOIRE, ...	119,797	15
	464,677 liv.	8 s.

N. B. Comme on n'a rien voulu fupprimer d'un Cabinet que M. LE DUC DE LA VALLIERE avoit deftiné particulièrement à renfermer les livres rares, ou difficiles à trouver, fans faire attention aux prix qu'ils valent dans le commerce, on ne doit pas être furpris fi l'on voit dans cette premiere Partie du Catalogue un certain nombre d'articles de peu de valeur.

La carte fur laquelle étoit écrit le titre du n° 2390 * et 2390 ** double, ayant été égarée lors de la rédaction du Catalogue, nous prévenons que cet article eft annoncé à la fin de l'avis du fupplément au Catalogue, fous le titre de *Apollonii Rhodii Argonautica. Florentiæ*, 1496, in-4°. Premiere édition.

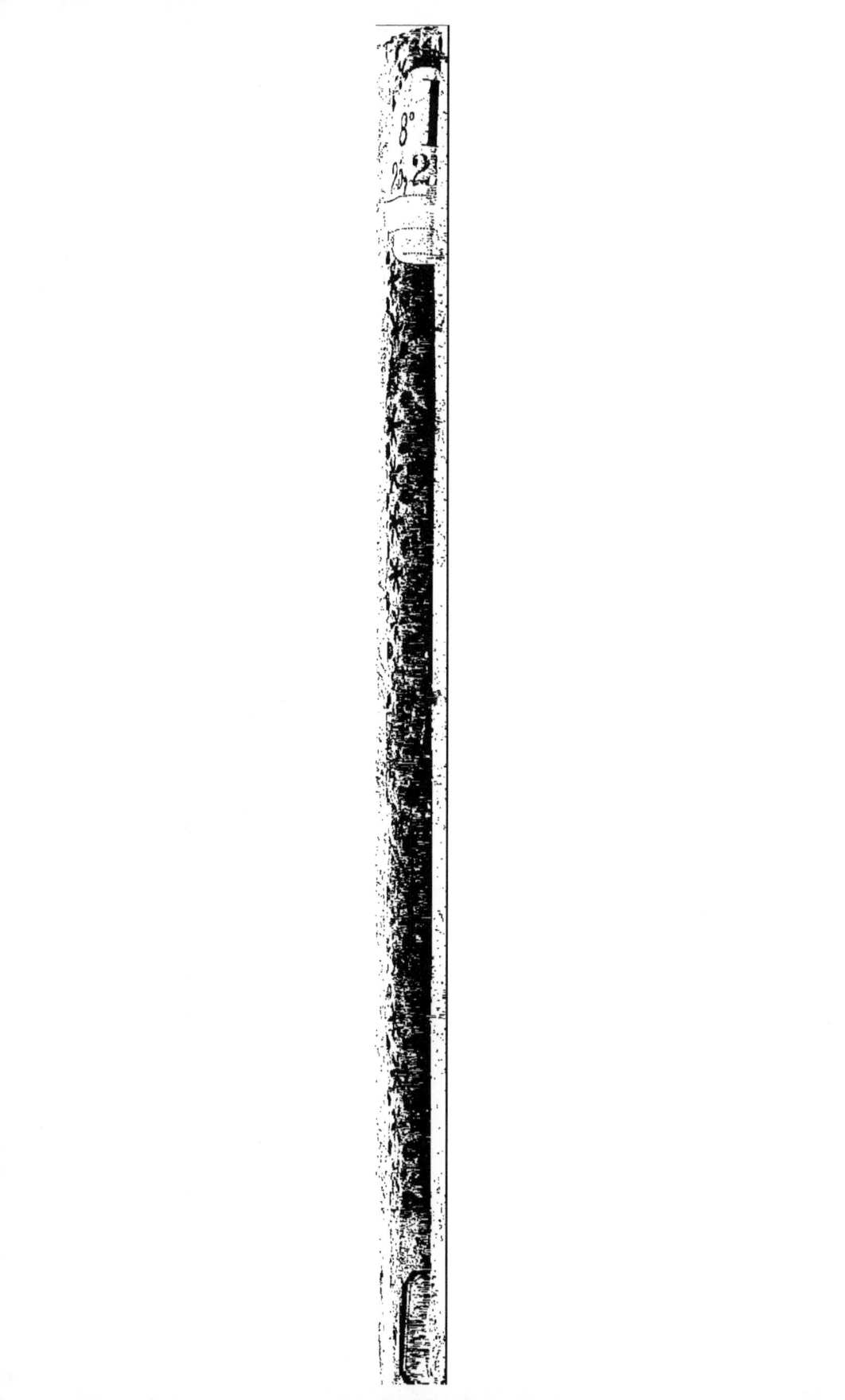

www.ingramcontent.com/pod-product-compliance
Lightning Source LLC
Chambersburg PA
CBHW070706050426
42451CB00008B/526